中华中医昆仑

陆广莘学术评传

张镜源◎主编

中国盲文出版社

图书在版编目（CIP）数据

陆广莘学术评传（大字版）/ 张镜源主编．—北京：中国盲文出版社，2015.12

（中华中医昆仑）

ISBN 978-7-5002-6857-4

Ⅰ．①陆…　Ⅱ．①张…　Ⅲ．①陆广莘（1927～2014）—评传　Ⅳ．①K826.2

中国版本图书馆 CIP 数据核字（2015）第 317027 号

陆广莘学术评传

主　　编：张镜源
责任编辑：王　璐
出版发行：中国盲文出版社
社　　址：北京市西城区太平街甲 6 号
邮政编码：100050
印　　刷：北京华联印刷有限公司
经　　销：新华书店
开　　本：700×1000　1/16
字　　数：42 千字
印　　张：6.75
版　　次：2015 年 12 月第 1 版　2015 年 12 月第 1 次印刷
书　　号：ISBN 978-7-5002-6857-4/K·462
定　　价：12.00 元
销售服务热线：（010）83190297　83190289　83190292

丛书编委会

前　言

中医药是中华民族的伟大创造，是世界医学宝库中的夺目瑰宝，数千年来为中华民族的繁衍昌盛作出了巨大的不可磨灭的贡献，至今仍是中国医药卫生事业不可分割的重要组成部分，在维护民族体魄康健、促进经济社会发展中发挥着不可替代的作用。

中医药学，是中华传统文化和科技文明的结晶，是勤劳聪慧的中华儿女在几千年生产生活实践中，在与疾病作斗争的过程中，创造的独具特色的医学科学体系。它有着浓郁的民族特色、深厚的文化底蕴和丰富的哲学内涵。经过一代又一代中医药传人、一辈又一辈名医大家的实践探索、薪火传承、总结完善、创新发展，逐步形成了系统的理论体系、独特的诊疗方法、丰富的医学内容、实用的制药技术。具有疗效确切、用药安全、应诊灵活、普适简廉和预防保健作用显著的巨大优势，在世界医学之林独树一帜，为人类的文明进步与医疗保健事业，已经并正在作出积极的贡献。

为了弘扬中华民族传统文化，彰显中医药学家的丰功伟绩，当代中医药发展研究中心与中国文学艺术界联合会、国家中医药管理局新闻办公室、中华中医药学会、中国中医科学院、北京中医药大学、世界中医药学会联合会等精诚合作，在国家中医药管理局的支持和指导下，为中华近现代百年来贡献卓著、深受敬仰的150位中医药学家，编撰出版了这部大型传记丛书。丛书采用评传体裁，记载他们的生平事迹、医术专长、学术思想、传承教育、医风医德、养生之道和突出贡献，使这些宝贵的医学成就和精神财富发扬光大，千古流芳。

丛书取名《中华中医昆仑》。昆仑山，被尊为“万山之祖”，柱西北而瞰东南，立中国而凭世界，凌驾乾坤，巍然屹立。以其高峻豪迈、绵延起伏的磅礴气势，寓意中华中医药学历史悠久、博大精深和永不衰竭；以其挺拔雄伟、高耸入云的恢弘气魄，彪炳一代中医药学家的丰功伟绩、杰出贡献和不朽勋业。

丛书入选传主，从全国范围推荐遴选，遍及中医药界各个领域。有临床家、理论家、药学家、教育家、医史文献学家；有名师亲授、世医家教、学派传人、院校毕业和自学成才者；有师徒并驾、父子齐名和伉俪联袂者。他们学术造诣深厚、诊疗技术精湛、临床经验丰富、学科地位崇高、科研成果丰硕、医风医德高尚、国内外影响较大，从医学理论到临床实践，为中医药事业的传承和发展作出了突出贡献，是近现代百年来中华中医药界的杰出代表。

丛书的出版，对于弘扬中华文化，振兴中医药事业，造就中医药人才，普及中医药知识，具有重要的现实意义和深远的历史意义。这是一项开创性工作，填补了我国为著名中医药学家大规模撰写传记的空白；也是一项抢救性工作，因入选传主已仙逝过半，许多亲历、亲见、亲闻的史料日见散逸，将之收集整理、编撰成书，功垂后世、利国利民；更是一项承前启后的工作，总结传主经验，传承中医药伟业，继往开来，光耀世界医学之林。这部医文结合，富蕴历史性、学术性、文学性和实用性的鸿篇巨制，对医疗、卫生、科研、教育及全球关注中华中医药文化的各界人士，都有重要的参考和阅读价值。

丛书的编撰出版，是一项巨大的中医药文

化建设工程，在策划、撰写、编辑、出版过程中，自始至终得到了国家有关领导、政府部门及社会各界人士的关心和支持。国家中医药管理局高度重视，并组织专家对全书进行终审；数百名专家、学者亲临指导，参与规划；有关省、市、自治区卫生厅、局、中医局（处）给予大力帮助；传主及其亲属、弟子热情支持、密切配合；撰稿人深情满怀、辛勤笔耕；编审专家尽心竭力、精工细琢；关爱中医药事业的企业家热心公益、慷慨资助；全体工作人员不辞辛劳、无私奉献，这一切使丛书得以顺利出版。对此，我们深表谢意。

由于时间紧迫和资料搜集困难，加之水平有限，难免有疏误之处，敬请广大读者批评指正。

中华中医药学，历史悠久，源远流长，发端于远古，奔向于未来。百年对于历史，不过是短暂的瞬间；百人对于万众，不过是沧海一粟。然本丛书所记载的百年百人，则无疑是波澜壮阔的中医药发展史上辉煌的篇章和光芒闪烁的璀璨星辰。

张镜源

目录

究天人之际，通健病之变，成医家之言，循生生之道，助生生之气，用生生之具，谋生生之效。中医学之道，是养生治病必求于本为主旨的生生之道，是辨证论治的发现和发展人的生生之气，是聚毒药以供医事转化利用为生生之具，是通变合和谋求实现天人合德生生之效的健康生态的实践智慧学。它要求：一是从实际出发，究天人之际以明乎物我之相分；二是实事求是，通健病之变以识环境利害药毒；三是有的放矢，循生生之道发现发展人的生生之气；四是讲求实效，用生生之具谋求天人合德生生之效。

——陆广莘

陆广莘，著名中医理论家、临床家，1927年1月出生于江苏省松江县颛桥镇（今上海市闵行区）。他5岁上小学，1939年考取上海中学，1942年考入高中工科机械专业。1945年初师从家乡老中医马书绅学习中医，继而又先后师从上海陆渊雷、丹徒章次公、武进徐衡之。1948年毕业行医，1950年组建颛桥联合诊所。1952年应考中央卫生部中医药研究人员，录取后入北京大学医学院，学习西医5年。毕业后，分配到中央人民医院（现北京大学人民医院），从事中医科研、临床、教学工作。1983年奉调到中医研究院（现中国中医科学院）中心实验室，任副主任；1985年组建中医基础理论研究所，任业务副所长。1986年任《中国大百科全书·传统医学》卷编委会副主任，1987年奉派赴坦桑尼亚，为防治艾滋病研究首批专家。1991年退居二线，1992年起享受国务院政府特殊津贴，1993年、1998年分别当选为第八、九届全国政协委员，2009年获中华中医药学会终身成就奖，同年由人力资源和社会保障部、卫生部、国家中医药管理局评选为国医大师。现任国家中医药管理局中医基础理论重点学科学术带头人，中国中医科学院荣誉首席研究员，中国中医科学院中医药专家学术经验传承博士后合作导师。

陆广莘在60余年的治学生涯中，不断进行中医学理论和实践的探索，发表论文百余篇，并出版中医理论专著《中医学之道》等，在国内外具有广泛的学术影响。他以独特的医学理念和精湛的医术在中医界享有盛誉：临床方面，他在中西医结合治疗急腹症、流行性乙型脑炎、小儿肺炎、肝炎、肝硬化、肾病、糖尿病等方面，注重理论，立足临床，见解独到，被诸多名家称叹；科研方面，他提出中医研究和研究中医的互补并进、旁开一寸更上一层的科研选题思路，主持“肝血风瘀”和“脾津痰湿”两项“七五”攻关课题，先后获多项部级成果奖；理论方面，他高屋建瓴地指出了中医学为健康医学的本质属性，“奠定了我国健康医学发展的理论基础”，为中医学继承与创新性发展发挥了重要作用。他尖锐地指出：百年中医困惑在于“废医存药”地扭曲中医诊疗思想，用疾病医学的观念和方法研究中医、改造中医。而当代全球性的医疗危机却又根源于近代医学模式主要针对疾病的技术统治医学的长期结果。中医药的本质功能是“方技者皆生生之具”。医生，医的是“生”，医学，学的是“生”，天地之大德曰“生”。人类的文化自觉、实践的价值观是：

“参赞天地之化育”。中医学是一门以“养生保健治病必求于本”为主要任务的创生性实践的生生之道。应当重铸中华医魂，重建中医主体价值体系，对“医药—卫生”资源努力发掘，加以提高，才能真正实现“中西医并重”和真正能够“扶持中医药和民族医药事业”。

崇尚岐黄　以医见业

陆广莘是家中老幺，出生时母亲已 41 岁，他上面有两个哥哥、一个姐姐，都比他年长 10 多岁，所以他在家中很受父母和兄姐的宠爱。为了培养他的自理能力，5 岁时父兄就安排他上了小学，举全家之力，让他 4 次转学，不断选择好的学校以保证将来能考上著名中学。

聪明勤奋的陆广莘没有辜负父兄的期望，于 1939 年考取了上海的名牌中学——上海中学。该校创始于 1865 年（清同治四年），原为龙门书院。这里师资水平高，管理严格，学风严谨，培养了他缜密的思维方式和严谨学风。时值日本侵略中国，上海沦陷。年仅 13 岁的陆广莘，积极参加反对汪精卫汉奸政权的学生运动，险些被开除。

1942年，陆广莘考入本校的高中工科，学习机械专业，接触到了现代科学知识，了解到现代工业的一些状况。1945年，抗日战事紧张，学校的实习工厂被日本人没收，因学生宿舍里发现炸药，被日本宪兵队包围。为躲避日本人的审查监禁，陆广莘于年初辍学回乡。国家的命运、自身的前途都让他感到困惑和迷茫。不知不觉过了一个多月。对陆广莘管教严格的父兄，不忍他这样虚度时光，商量后决定让他学点一技之长。于是，他们托人找到当地颇有名气的老中医马书绅，让陆广莘拜师学医。

18岁的陆广莘开始一边跟师临证，一边读中医经典著作。他在中学期间，每逢假期都跟家乡的老先生学习古文，有扎实的古文功底，所以读起深奥的中医经典还比较轻松。同时，他进入“陆渊雷医室遥从部”，系统学习中医理论。1948 年 10 月结束学业后，21 岁的陆广莘在家乡开始了自己的行医生涯。虽初出茅庐，但他在临床上已能独当一面，治好数起大症，获得了小名气。他曾诊一少年，其病于天暑露宿，表现为壮热啄齿，烦渴自汗，已服用清暑之剂，但未见明显效果。陆广莘仔细观察，发现病者虽卧在闷热的帐中，但拒绝其母摇扇，为太阳未罢转入阳明之证，遂处桂枝白虎汤，从而治愈了患者。1950 年，他在上海市松江县颛桥镇组建颛桥联合诊所，参加过反细菌战的爱国卫生运动和血吸虫病防治工作。由于南方多雨潮湿，他经常打着赤脚为乡亲看病，所以他常笑称自己曾是“赤脚医生”。

历多达妙　用以得体

作为一个在上海著名中学经受了现代思想熏陶、接触过现代科学的青年，初入中医之门学习的目标对象、思维方式与曾经所学完全不同。由于东西方文化背景的差异、有机论与机械论的观念冲突、中医关于目标动力学实践论和西医关于溯因分析性认识论的巨大碰撞，使陆广莘感到思维方式上的格格不入，但也使好学善问的他对中医学产生了兴趣，坚定了他探究近代中西医论争的决心。而随后陆广莘特殊的人生经历，使他感悟到了中医学的精髓和本质。

一、师出名门，汇通中西

中医的历史数千年，医理的通透不显决定了医路的曲折，而师传无疑是暗路之明灯。提及自己学医的经历，陆广莘认为自己非常幸运，得到不少中西医名家的指导。其中，陆渊雷、章次公、徐衡之，三位在近代中国中医药发展史上有重要影响的老师对他影响至深。

陆渊雷（1894—1955），学识广博，蜚声医界，学术上参汇中西两种医学，为近代中西医汇通学派代表人物之一。1929 年他与徐衡之、章次公等人创办上海国医学院，以“发皇古义，融会新知”为办校宗旨，教学中坚持中医学说为主体，同时多方吸纳和传授现代科学知识，使该校成为当时颇具规模的一所私立中医高等学府。陆广莘在家乡跟师学徒步入中医之门后，为了进一步深造，于 1945 年进入“陆渊雷医室遥从部”（函授教育），成为其遥从弟子。在这里，他接受了正规的中医药学教育，获取了中医学理论宝库中的精华，接受了“发皇古义，融会新知”的治学方法和中西医汇通思想，从而打下了兼收并蓄、融会古今的学风基础。从陆渊雷关于中医理论的阐释中，陆广莘找到了治学门径。陆渊雷认为：“用药治病，非药力能敌病，助正气以敌病也。良医察病体而知正气之欲恶，从而助以药力。”“证候之成，约有三途：一为正气抗病现象，二为菌毒直接造成，三为其他证候的结果。药治标准，首重抗病现象，视证候而揣知抵抗力之趋势，当扶助者扶助之，当矫正者矫正之。”由此，陆广莘认识到中医学有自己的诊疗对象和研究内容。1952年他应考中央卫生部中医药研究人员，录取后于赴北京报到之前拜谒陆渊雷。陆渊雷告诫他，学西医就要认真学好，不要像有些人那样，学点西医皮毛，回过头来对中医指手划脚。

杰出的中医教育学家、临床学家章次公（1903—1959），因与陆渊雷在中西医学观念上志同道合，遂参与创办了上海国医学院。1949年5月，陆广莘在上海拜章次公为师，进一步求师于这位中医药大家。1955年，章次公来北京担任卫生部中医顾问后，陆广莘在北京医学院学习，课余时间常随章次公临诊。1956年秋，中医界开始了五行理论的学术争鸣，章次公与陆广莘切磋讨论，并鼓励其发表意见。陆广莘提出，历史考察其源流有别的发生学研究和出身论，不足为凭；从解剖实体论的成分论出发，也不足为凭。理论的功能是指导实践，评价理论的价值，应以其指导实践的贡献度来衡量。一种理论，如果能够帮助人们开拓视野，启发思路，从多角度看问题，有什么不好？近代以来苛求于中医理论的，无非是实证主义的把一切还原为感官要素的所谓物质基础。章次公嘱咐陆广莘马上写成短文发表。文章后来发表在上海《新中医药》上。1959年夏，章次公被诊出肺癌合并骨转移。他在病床上嘱咐：“中医欲求融合现代科学，必先求我之卓然自立。”陆广莘铭记老师的话，对于中医理论的研究方向，始终坚持旨在“言其妙理之用以扶其体”，坚定中医学科的主体意识。

在陆广莘的诊疗思想、学术风格形成过程中，他师承的另一位著名中医徐衡之，对他的影响也至关重要。徐衡之（1903—1968），曾师从国学大师章太炎，是一位学养深厚的中医大家。1954 年，徐衡之受聘到中央人民医院，成为中华人民共和国成立后第一批进入综合医院的中医专家。陆广莘从北京医学院毕业来到中央人民医院中医科时，徐衡之任中医科主任。徐衡之思想开放，以中西医“双重诊断，双重治疗，共同观察”的方法，使中医药优势得到发扬，使疑难杂症在中西医合作互补中取得良好疗效。他提出，对西医诊疗标准及其评价体系要做到“心知其意，不为所囿”，才能充分发挥中医诊疗思想的积极作用，才能与西医同道协同合作，作出中医应有的贡献。全国首例再生障碍性贫血治疗成功，流行性乙型脑炎 4 年中的死亡率在全国最低，肝硬变食道静脉曲张经中医治疗后消失等等，都证明了其思想的正确性。陆广莘在徐衡之的言传身教下，积极大胆开展中医工作，接受了中西医严格的临床训练，参与了许多传染病、危重急症和疑难杂症的中西医诊疗。中医学要成为融会新知的主体，须在通古今之变的基础上，在回答现实医学难题中“发皇古义”，这一观点时时体现在他的学术生涯中。

陆广莘师承三位名中医，并接受了很多西医名家的指导。扎实的西医理论和精湛的诊疗技能也是在一流的西医名校名院培养和练就的，这种独特的经历在当今中医界是不多见的。

1952 年，卫生部为培养中西医兼备的高级人才，在北京举办了中医药研究人员学习班，计划在全国中医中招收 60 人（后实招 43 人）。

当时，25 岁的陆广莘在经过有关中医经典、文化课等的严格考试后被录取。被录取的 43 人来自全国各地，经历不同，文化程度不一。其中就有后来成为著名中医药专家的唐由之、徐景藩、阎润茗、方药中、费开扬、傅东藩、施奠邦等人。大家在经过短期补习数理化后，统一进入北京医学院医疗系学习西医。北京医学院是著名的医学院校，在这里，陆广莘学习认真刻苦，经过系统严格的学习与训练，掌握了扎实的西医理论与临床技能，5 年后以优异成绩毕业，被分配到中央人民医院。在临床中，陆广莘虚心向西医同道学习。在一些疑难疾病的中西医合作治疗观察和论文总结的过程中，先后得到钟惠澜、吴阶平、王志均、刘思职、王叔咸、马万森、傅正恺、黄大有、谢少文等教授的指点，受益良多。王叔咸，著名医学家，曾任北京大学医学院医学系主任。他说，中药不是一个单体，不是有效成分对作用靶点的激动拮抗物，是前体药物。所谓前体药物，就是进入体内之后，还要通过生命体进行自组织、自宣化，也就是尊重生命体的自主调节的功能。谢少文，中国医学微生物学、免疫学开拓者之一，医学教育家。他指出，中医药作用的反应，基本上是非特异性免疫反应，不完全是特异性免疫反应。而且特异性免疫是建立在完整的非特异性免疫的基础之上的。如果非特异性免疫的基础不扎实，特异性免疫的形成也非常困难。这些教授的观点，对陆广莘学术思想的形成都深有启发。

中西医名师的教诲，开阔了陆广莘的眼界和思路，使他思想解放，胸襟开阔，能够从更高的角度审视中西医学，同时游刃有余于中西医学之中。他秉承导师们开放、创新、融合、发展的先进理念，在漫漫从医实践中，执著探索，独立思考，科学批判，逐渐形成了独到的见解，在中医名家中独树一帜，个性鲜明。

二、勤求博采，熔铸中外

“勤求博采老弥笃，学究天人称大医。”在京城一个普通的居民小区里，人们经常能看到一个清瘦的黑发老者取了一摞报纸后，边走边迫不及待地翻阅着。多年来，陆广莘如果没有外出讲课、坐诊、带教等任务，就自己下楼取他订阅的七八份报纸。关心时事，关注政策，读书，看报，写作，他把每天的时间安排得紧张而有序。陆广莘阅读的习惯，在年少时已经养成。按他自己的话说，在北医工作、学习期间，他经常带个馒头，一瓶水，泡在图书馆里查阅文献，记笔记。他阅读的内容非常广泛，中外古今无所不涉。

1958年，原苏联专家访华考察，应王叔咸之邀，陆广莘参加了在北京医学院举办的中医治疗肾炎经验座谈会，宣读了《中医对肾炎的认识及其治疗原则》一文。该文引用40余种古代文献，详细论述了中医对肾炎的认识，及历代不断发展和丰富起来的经验，并特别介绍了治疗原则。以当时的条件，得到如此详尽的文献资料，查考的艰辛可想而知，可见陆广莘的勤奋和钻研精神。时任北京中医进修学校教育主任的著名医家朱颜，以及时任华北行政委员会中医实验所医务主任的著名医家岳美中参加了讨论会，都叹其征引宏博，给予他这篇文章高度的评价，同时对他引用的唐代徒都子《膜外气方》产生了兴趣，因为他们从未听说过此书。而实际上，此书是陆广莘通过阅读日本文献查找到的。

陆广莘的勤求博采，还可从1962年发表的《论王履的医学思想及其对明清医学的影响》和1963年发表的《命门学说源流考》中窥见一斑。王履（字安道）生活在14世纪，为元末明初昆山医学家。由于其在艺文诗画方面的成就，多受历代文人的追捧。医学界相关文献不多，对其医学成就知者也甚少。陆广莘很欣赏王履朴素求实的作风、科学的怀疑态度和历史的批判精神。他开阔思路，另辟蹊径，通过查阅历代地方志、文学艺术传等，获得了宝贵的文献资料，进而对王履的生平、时代背景、医学著作、学术影响等进行了深入细致的研究和阐发。命门学说是中医学理论中论争最多的问题之一。陆广莘引用大量古今文献，从命门的职能、诊断部位、配属关系、君相比喻、属性等概念与历史演变进行分析，将肾气与虚劳、益火与壮水、真阴与真阳、理与欲等关系系统阐述。直至今日，他的这些研究成果和观点，仍有重要的参考价值。

陆广莘博闻强记，中外古今许多经典条文、名家观点以及名言警句，他都能信手拈来，倒背如流。1957年的一天，著名作家、教育家叶圣陶先生拜访章次公，陆广莘陪同。叶圣陶先生十分关注中医的学术前途，在与章次公谈话间，陆广莘有机会吟诵了一段章太炎论医之语：

“取法东方，勿震远西；下问铃串，勿贵儒医。通天人，陈五行者，医之稗荑；多议论，少成功者，虽是亦非。道不远人，以病者之身为宗师；名非苟得，以瘳者之口为据依。”叶圣陶先生听后非常赞赏，对陆广莘也夸奖不已。

陆广莘对中医学的认识，是来自多方面的。他引用莎士比亚《罗密欧与朱丽叶》中的戏剧语言来讨论药的害处，既准确深刻，又生动形象：“无论什么都各有妙用，而又各不相同；在草木药石的真性中，藏着天恩无穷。世上没有一样东西是真坏，同时总有好处。而再好的东西也会破坏。如果背谬天生功效，善能变恶，因为应用失当；措置得体，恶也会庄严辉煌。”曾采访过陆广莘的一位记者这样说道：“学识渊博、见解超前的陆老不仅会讲健康的医学、医学的健康、医学到底是什么，还会脱口而出《吕氏春秋》、《周礼》、《毛泽东选集》、恩格斯、黑格尔的一些医学观点和《医学的目的国际研究计划的报告》；不仅讲‘神转不回，回则不转’，还会讲‘生命的过程是以物质的依赖性为基础的自我独立性’；一会儿古代，一会儿现代，一会儿东方，一会儿西方，记者的脑筋不停旋转，也跟不上陆老敏锐而跳跃的思维。”

勤求博采，加上善于思考和总结，使陆广莘对中医学的认识逐渐深刻，也逐步形成了他独到的观点。王履对《黄帝内经》原文“治其旺气，是以反也”的认识，给了他很大启发，使他重读“病机十九条”，最终发现其主旨在于批判“以邪为本”的消极疾病观和“以工为本”的对抗疗法。他体会到王履的“端本澄源，中含至理；执其枢要，众妙俱呈”，进而领会到“有名而无形”的命门学说，实为寻求体内调节“枢要”的一种努力。由此，对中医学的认识更上一层。

在陆广莘的论文、讲座中，他旁征博引，融合中西医学、物理学、农学、哲学等，竭力深入阐发中医学之道。中国民族医药学会会长诸国本曾说："中医界人士读陆广莘的文章，有时感到陌生的'洋味'；哲学界读陆广莘的文章，有时感到新鲜的'土气'，但他确实为中医界讲清了许多难以讲清的问题。"按陆广莘的话说，缠绕在他内心中的有关中西医纠结的疑问，不断地驱使他到处寻找满意的答案。可见，挚爱中医的他，考虑如何在短暂的学术生涯内，尽其所能，促进中医学术发展，是他勤求博采的动力。

三、临证思辨，明其枢要

中医学是一门实践科学，中医的理论来源于实践，对中医理论的认知亦离不开实践。

在进入北医学习之前，陆广莘已有多年"赤脚医生"的临床经验，可以在临床上独当一面；而系统的西医学习，使他"有了一面镜子，能够更清楚地看清自己"。1957 年，从北医毕业分配到中央人民医院中医科的陆广莘，在科主任徐衡之的帮教和支持下，与众多高水平的西医专家为伍，开始了中西医临床诊疗工作。他坚持以中医思维方式进行诊治，在治疗流行性乙型脑炎、急腹症、小儿肺炎、肝炎、肝硬变、糖尿病、高血压病、肾炎、喘息性支气管炎、苯中毒等方面，显著提高了临床疗效。在中央人民医院26年的时间里，他不分专科，除了处理大量常见病、多发病外，还接触了大量疑难危重病，积累了丰富的临床经验。频繁的中西医会诊、对中西医治疗结果的亲眼目睹，使他对很多种病症的中西医诊疗方法和结果了如指掌，同时对两者间的区别亦有深刻认识。

他非常重视临床实践，认为做中医的，不论是做科研，还是做教学，只有有了临床体会，才能更好地进行科研或教学工作。知识包括理性知识和悟性知识，而悟性知识只有通过实践才能体悟到、领会到。因此，当陆广莘被调往中医研究院，任中医研究院中心实验室副主任、中医基础理论研究所副所长时，发现所内科研人员没有正规的临床实践场所后，就极力向上级领导争取，为研究所创立了中医门诊部，以作为理论研究人员的临床实践平台。他的主要工作虽然从临床一线转为科研，但他一直没有离开临床，至今仍坚持给病人诊病，接诊大量的内、外、妇、儿科疑难杂病患者。尤其是近年来，他治疗自身免疫性疾病、肝病、肾病等疾病的名气越来越大，找他的病人络绎不绝。

陆广莘善于总结临床经验和规律，不断进行临床实践的反思。他的百余篇论文，是他从临床实践中悟出的中医理论真谛，是他迈向国医大师的一个个扎实的足迹。他的论文，理论水平高、见解深刻，以至于有人误以为他只是个中医理论家。其实，陆广莘从医生涯 60 多年，从未离开过临床，他正是在坚持不懈的临床实践中发现问题，用实践例子说明问题，用医患关系来论证问题的。

1959年，陆广莘对中医治疗流行性乙型脑炎进行了总结与探讨。流行性乙型脑炎是一种烈性传染病，在20世纪50年代我国曾发生流行。卫生部于1952年把这种病确定为法定传染病，并将这种病的名称定为“流行性乙型脑炎”。当时，对于此病西医没有特效的治疗方法，主要是从灭蚊方面加以预防。中央人民医院从1955年开始应用中医疗法进行治疗，在总结中医治疗流行性乙型脑炎的论文中，陆广莘在叶天士等人“以截其路”的思想指导下，提出流行性乙型脑炎是“暑邪直入心包”，根据前人经验，预防可用芳香药，发病后应以逐秽为主进行治疗。文章中他分析了叶天士、程文囿、张畹香等人对流行性乙型脑炎早期“邪入心包”之证，及时应用紫雪丹、至宝丹、安宫牛黄丸等的治疗，对临床参考意义较大。同时，还结合西医检验等方法，进一步证实“以截其路”的临床意义。他的这一观点对中医治疗流行性乙型脑炎有了新的认识，“截断疗法”成为中医治疗流行性乙型脑炎的重要方法。

在1976年的全国中医研究班上，陆广莘主讲高血压病的辨证与辨病问题。他认为改善高血压病人的血液供求不平衡是治疗中的关键，应从机体的自稳调节能力入手，用中医汗、吐、下、温、清、和、补、消八法等手段，全面改善机体的血液供求不平衡。中医辨证论治可助机体恢复自稳调节能力，比单纯的减压治疗更有实际意义。

“端本澄源，中含至理；执其枢要，众妙俱呈。”在不懈的实践—反思—再实践过程中，陆广莘参透中医学枢要，在20世纪七八十年代就确立了鲜明的中医诊疗思想。

1973年，他从“五七干校”回来后，接连写了7篇医学笔记，从不同方面记录了他对西医学、中医学的感悟。如《历多妙达，失多而悟其要》一文，讨论临床实践和善于总结经验的重要性；《以人类为中心》一文，指出“医学评价的功利标准只能以人类的利益为中心”，体现了以人为本的医学观；《药害问题》讨论疾病的影响因素，指出疾病与健康的互相转化，体内的因素是主要的；《莫不为利，莫不为害》进一步提出，评价某种因素是致病作用还是治疗作用，不是决定于该因素的成分是什么，而是决定于人的主体性反应。

随后，陆广莘陆续发表文章，阐发其学术观点。在《关于“辨证论治”的辩证法问题》(1975 年）一文中，他提出辨证是努力发掘“正祛邪”之势，论治是选择相应的条件，加以提高，可促成愈病的转化，同时提出辨证论治的疾病观、健康观、医药观、诊断观与治疗观；在《论中医的诊疗思想》（1979 年）一文中，明确提出中医基础理论是关于人的心身相关整体自稳态调节的理论；在 1980 年全国中医理论研究思路方法讨论会上，提出治病必求于

“本”，不是疾病本质的病因、病理、病位的溯因分析，而是“正虚、邪实、传变”三要素，是关于自稳调节发动的抗病反应传变时态的动力机制；在《三驾马车向何处进军》一文中，强调人体调节机制和防卫抗病机制的进一步阐明，将会使医学的发展产生质的飞跃；在《证—病症正辨》（1990 年）中，提出“证”是天人之际中人的健病之变在整体边界上的出入信息和界面全息效应，养生治病实践追求的健康目标，是“正气存内”的自我稳定和“邪不可干”的生态平衡，因此中医治病之道是“恢复生态学”，中医养生之道是“发展生态学”。至此，他的学术思想日趋精辟，卓尔不群，对中医之道的理解更上一层。

探究中西　本立道生

陆广莘的人生经历比较特殊：年少时接受现代科学教育；青年时期带着探究中西医论争的心理迈入中医学殿堂，师承中西汇通派中医名家，学成后开业应诊，再接受系统西医学教育；而立之年到综合性大医院做中医临床工作；临近退休年龄，转而又回归到中医理论研究队伍。中西医学的纠结，生动地体现在他本人的人生历程中。在他的学医生涯中，如何对待中西医学论争，对于他而言，不仅仅是一个理论命题，更是生活、工作中时刻面临的现实问题。他是怎样做到中西医学融会贯通的呢？“君子务本，本立而道生”，这是陆广莘最常引用的一句话。这既是他通过对近百年来中西医学发展过程的考察，提出的中医学发展原则，也是他一生的真实写照。

一、自强不息，卓然自立

在国内一流综合性大医院的西医强势环境中，一个中医是很容易被西化的，但陆广莘没有被同化，也没有因繁重的日常医疗任务而变得敷衍与麻木，反而因坚守中医、发现中医、宣传中医脱颖而出。这源于他坚定的中医信念，“天行健，君子自强不息”的发愤图强、锐意进取的精神，以及用中医辨证诊疗思维治疗大量疑难危重病症取得的显著疗效。

“自强不息”的观念，应该是在陆广莘幼小的时候，就已在他身上打下了烙印。早年，为避免娇生惯养，他 5 岁就被父兄送到了寄宿学校。据他回忆，当时很多事情都不会做，甚至连水盆都端不动。在那样的情况下，他只能自力更生，在跌跌撞撞中学会自理，并意识到

“胜人者有力，自胜者强”。章次公“欲求融合，必先求我之卓然自立”的教导，使陆广莘坚信中医师的出路、中医学的出路在于自强、自立。

陆广莘才思敏捷，勤勉刻苦，严谨执著。可以试想，如果没有那一段入北医学习之前的中医学习与临证经历，以陆广莘的聪明勤奋，在西医领域也会有不小的成就，治学之路也可能不会这么曲折。但按他的话说：“我是中医出身，新中国成立前开始学中医、干中医”，他给自己定位，首先就是一名“中医”。近百年来，中医学经历了科学与否之辩、存废之争、中西并重、中西医结合，在比较、竞争、开创中艰难发展。作为一名中医，陆广莘把中医学的发展视为自己孜孜以求的目标，所以他可以拿着“西医”这面镜子看自己，同时也可以拿着“中医”这面镜子看“西医”，而不至于忘我。

在综合性大医院，有些西医对中医持怀疑态度，有些实验更是对中医的疗效提出尖锐质疑。如有人用四氧嘧啶制造的糖尿病动物模型，得出六味地黄丸能升高血糖的实验结论。对此，陆广莘写文章或在学术会议上大胆反驳，指出这个结论不能说明中医辨证论治的实际疗效，不能指导临床。

三年困难时期（1959～1961年），北京有几例中药治疗阑尾炎发生穿孔的事件，于是在中华医学会的一次会议上，有人开始对中医的治疗效果发难，并进而质疑和诋毁中医理论的正确性。在1961年全国首届药理学会上，代表们交流筛选中药疗效的经验，人们用对抗疗法的疗效观对中药进行筛选，发现大部分实验是阴性结果，并由此判定中药无效，或认为即使少数中药是阳性结果，疗效也不如同类西药。一个时期，中医遭受多方面打击，陷入窘迫困境。在这个关键时刻，陆广莘义无反顾地站出来，以其中西汇通的特殊身份和对中医理论的精辟理解，大胆地进行有理有据的反驳：北京发生中药治疗阑尾炎穿孔的事件，出问题的病例大多使用的是治疗阑尾炎的协定处方，失误之处在于没有从根本上依照辨证论治的准则进行，治疗中出问题不但不能说明中医治疗无效，反而提示作为中医特色的辨证论治是何等重要！

中医研究院于 1955 年建院，30 年后才成立中医基础理论研究所，其间经历了许多坎坷。当时，对中医理论的争论较大。有人认为中医不科学，甚至认为中医没有理论，不必成立基础理论研究所。为此，时任中医研究院中心实验室副主任的陆广莘组织开展了一些内部的学术活动，研讨中医的发展方向、什么是中医基础理论等。其间，陆广莘先后发表了《中医学研究与中西医结合》、《阴阳自和稳态模型》、《加强中医研究、发展中医学术》等论文，阐明了中医药学科的一些基本问题，坚定了领导层和研究人员的信心。1985 年 4 月，中国中医研究院中医基础理论研究所正式成立，其任务是加强中医基础理论研究，发展中医理论体系和中医实验科学。陆广莘任副所长，主要负责科研任务。关于研究所的名称问题，也经历了一番讨论。“中医基础理论研究所”的名称是陆广莘策划并在多次讨论会上坚持的结果，由此也在当代中医学中有了“中医基础理论”一词。

1987 年，陆广莘作为中国首批中医治疗艾滋病专家组成员，被派赴坦桑尼亚。当时国内艾滋病病人极少，中医在艾滋病治疗方面还没有经验。面对外国专家“你们治过艾滋病吗?”“你们做过中药抗艾滋病病毒的实验吗?”的质疑，他沉着应对，从三方面进行论述：首先，虽然我们没见过艾滋病，但中医不单纯是经验医学，而且有独特而系统的理论和几千年的实践经验，可以应对新出现的病。例如过去没有放射病，没有微波病，但在中医理论指导下可以治疗这些病。第二，对艾滋病这些病毒性疾病，抗病毒治疗未必是唯一的或最佳方案。中医过去和现在治疗流行性乙型脑炎、乙型肝炎、天花、麻疹等病毒性疾病时，并非依靠抗病毒疗法去直接消灭病毒，而是注重提高病人的免疫功能。例如天花的消灭，并不是消灭病毒的结果，而是依靠人体的免疫反应以及群体人工免疫的结果。这种以病人为依靠对象而非以疾病为治疗对象的方法，可推之百病而不惑。第三，中医有许多治疗病毒性疾病和自身免疫性疾病的经验可以借鉴。言之凿凿的回答不但简洁而深刻地指出中医药诊疗体系的特点和优势，而且为中医药参与治疗艾滋病明确了思路和方法，指导了当时及之后的中医药治疗艾滋病的临床实践。作为中国最早接触艾滋病的一批中医药人员，他们在这种思想指导下，辨证使用中药，改善了一些病人的临床症状，积累了使用中医药治疗艾滋病的经验。

梁启超言：“君子自励犹天之运行不息，不得有一暴十寒之弊；学者立志尤须坚忍强毅，见义勇为，不避艰险。”陆广莘通过刻苦钻研，不断提高自身中医诊疗能力；更通过中西医学比较，挖掘中医学的精髓和学术价值。他坚定的中医信念，不是来自盲目的崇拜和单纯的热爱，而是来自科学论证、对中医学术本身的深入认知，以及有效的中医学临床实践。基于这样的信念和自信，他在发扬中医学的道路上，坚忍强毅，不畏艰险，大胆从容。

二、心知其意，不为所囿

中国民族医药学会会长诸国本评价说：“陆广莘是中医科班出身，而又在西医院校系统学习过西医，长期在高级西医医院从事临床工作，而后又归队研究中医基础理论，是一个典型的中西汇通派，更是名副其实的‘心知其意，不为所囿’的中医大家。”

在中央人民医院期间，陆广莘在中医科主任徐衡之的帮教和支持下，于 1957 年倡议并开设了中医门诊，1958 年创建了中医病房，扩大了中医在综合医院中的临床应用。1958 年秋，中央人民医院划归北京医学院教学医院，陆广莘首先开设了中医学概论课程，医疗系四五年级和儿科系四年级学生都到中央人民医院听课。他充分利用中央人民医院的中医病例，积极参与编写教材，推动了医院临床各科更广泛的中西医合作。他在中医理论的指导下制订的阑尾合剂和小儿肺炎合剂等协定处方，供外科和儿科直接使用，取得了比单用西药显著的疗效。一些西医大夫开始认识中医，遇到难题时也求助中医，从而提高了中医在综合性大医院的地位。他与西医建立了良好的、相互尊重的合作关系。中央人民医院的西医大夫都很尊敬他，常将疑难病患者介绍到他的门诊。

根据中共中央 1978 年 56 号文件精神，在卫生部领导的直接关怀下，1980 年中医研究院中心实验室正式成立，全国中医理论研究思路方法讨论会召开。从 20 世纪 30 年代初以来，西医辨病、中医辨证已成为共识，因而“证”的研究成为中医的中心内容。陆广莘在会上提出辨证诊断三要素（正虚、邪实、传变）的“证”的理论模型，得到大家的认可，随后被聘为中医研究院客座研究员。3年后，56岁的陆广莘被当时的院长季钟朴选中，从中央人民医院正式调到中医研究院，任中心实验室副主任，负责中医科研工作。

基于对中西医学区别的清晰认识，陆广莘提出“中医研究”和“研究中医”是两种不同的概念。他认为：“中医研究就是运用中医学理论，指导中医学方法，研究中医学对象和实践中医学目的，用中医学的疗效观检验评价实际效果，反过来修正补充发展中医理论和方法，最后达到提高中医学的目的。”研究中医属于主客关系的另外一面，“指的是用现代科学的理论和方法研究中医，包括西医研究中医，或多学科研究中医，都是以中医学术体系作为自己的研究对象。”“中医研究和研究中医，区别在于运用不同的理论和方法，不能互相代替，只能互补互渗。”这一认识至今已经成为中医继承与发展中的一个判定标准和一句名言。

他力主“旁开一寸，更上一层”，进行自主的“中医研究”。这是陆广莘借鉴针灸术语，提倡解放思想、扩大思路而提出的一个重要科学研究方法。他带领全所研究人员集思广益，全面论证，在原来脾虚大黄模型与党参研究、血瘀证与丹参活血化瘀的研究基础上，扩充成为两个研究方向——肝血风瘀与适应机制、脾津痰湿与稳态调节。他们从肝为将军之官与防卫适应功能、脾为后天之本与稳态屏障功能入手，创立大小动物模型，开展多学科研究，继而形成工作假说，探索中医基础理论研究和发展中医实验科学的路子。在探索“证”的动物模型方面，他们向北京农业大学兽医系教授学习，开展大动物驴的造模研究，并与小动物造模研究并行观察。按中医病因学原理，用饥饱劳逸为主制造脾气虚模型，用情绪应激制造肝气郁模型。实验观察设计上，侧重脾主运化、脾主肌肉、脾统血和脾旺不受邪，观察物质能量代谢和屏障免疫功能的变化；对肝藏血、主疏泄功能，主要观察在应激情况等有关因素下的神经血管运动功能。这个研究思路最终形成中医基础理论研究所的肝血风（郁）瘀和脾津痰湿两大系列研究课题，被列为卫生部和国家“七五”攻关课题，并先后获部级一、二、三等奖。这两大系列的研究充实了中医脏腑的功能概念，丰富了中医基础理论的现代研究内容。

面对诊疗思维方式完全不同的中西医两种理论体系，如何甄别选择、融会贯通，一直是每一个中医学子内心中的难题，也是中西医结合发展道路上的瓶颈问题。对此，陆广莘指出：“如果从机体抗病反应及其调节的层面看待辨证论治，则能在疾病对抗医学诊疗思想面前，做到‘心知其意，而不为所囿’的境界。”

三、和而不同，超越包容

在长期大量的临床实践中，一个个成功或失败的病例，使陆广莘在医疗实践中不断对中医和西医学诊疗思想进行审视和反思，并深刻地认识和体会到中西医学在认知方向、目标对象、治疗方法等方面的区别，从中看到中医学的特色和优势。陆广莘说：“中华人民共和国成立初期，我们这批中医被招来学西医，本来是要我们接受西医的思维方法，但我毕业后在综合性大医院里跟西医同道们一起工作 26 年多，经过中西医理论和实践的比较，更感到中华医药是全人类的宝贵财富。”

他强调“卓然自立，融会新知，撷天下之精华”。在临床中诊治疾病，他从不排斥西医的诊疗方法，但也绝不依赖这些方法。他以清晰的诊疗思路，对这些方法进行取舍，为我所用，以有利于患者自身调节能力的恢复为准则。在治疗方式方面，他反对对抗治疗，提倡扶“正祛邪”，但也强调治疗方式的选择应该具体情况具体分析，也就是要“实事求是”。总而言之，以鼓舞患者“生生之气”为原则，可以使用任何治疗方法。在治学方式上，他勤求博采。东西方医学、哲学、药学、物理学等，但凡能说明问题的，他均加以采纳，以充实的论据进行论证。

中国哲学的功利观强调“和”为贵。“和”之所以可贵，因为“和实生物，同则不继”。所以“君子和而不同，小人同而不和”。在对西方医学诊疗思想“心知其意，不为所囿”的认识基础上，陆广莘站在人类医学发展的高度，彰显出“和而不同，超越包容”的气概。

早在 1979 年自然辩证法研讨会上，陆广莘就指出：“只要我们坚持以我为主、为我所用地学习现代西方医学有用的东西，有的放矢、实事求是地研究中医和发展中医，中西医结合创造中国的新医学的历史任务，定将在实现祖国现代化的伟大进程中胜利地达到目的。”1981年在南京举办的首届全国医学辩证法大会上，他发表了《现代科学发展趋势和中国医学发展模式》一文，论述了中医、西医、中西医结合三支力量的研究发展方向和任务等，指出发挥“三位一体”的积极组合效应，可进一步阐明人体调节机制和防卫抗病机制，从而加速我国医学的发展。1987年，《对中医学术及其发展战略的系统思考》一文更为明确地提出：“我们的任务主要是‘扬长’，一切‘补短’必须是服务和有利于扬长才有用；我们决不单纯是为引进，而是通过引进有利于扬我之长，发展具有鲜明个性的当代中医学，使其成为‘和而不同’的多元性的世界医学中的一个重要而积极的、不可缺少和不可替代的中医学，卓然自立于世界医学之林。”

21世纪的医学，需要从生物医学疾病模型

的教条统治下解放出来，倡导社会—心理—生物三者相结合的医学模式。基于以人为本、以生为本的理念，陆广莘于2000年中国首届生存质量学术会议上提出一个超前、富有远见卓识的医学理念：“生物医学要上升为人类医学，疾病医学要上升为健康医学，对抗医学要上升为生态医学，化学层次的医学要上升为生命层次的医学观，关键是重视人的自组演化调节及其主体抗病反应。生存质量的研究将推动医学向人类医学、健康医学、生态医学和生命医学的高层次进军。”他倡导中医学应坚持健康医学的特色，超越包容，融会新知，自主发展，为人类的健康作出更大的贡献。

荀子曰：“君子贤而能容罢，知而能容愚，博而能容浅，粹而能容杂。”陆广莘以譬如天地之“无不持载，无不覆帱”的包容精神，做到中西医的融会贯通，达到了“道并行而不悖”的境界。

参悟精微　务本论道

陆广莘将自己的学术历程概括为八个字“学医做人，务本论道”，并以体用之学自划为三重境界：初如明代王夫之所说的“由用而得体”，继为宋代胡瑗所说的“明体以达用”，终如唐人崔憬所说的“言其妙理之用以扶其体”。“什么是中医学？中医学之道向何处去？走什么路？”陆广莘独特的经历加上他博极医源、遍求中外的勤求博采，心智超群、能言善辩的天赋资质，使他能够参悟中医学的精髓和学术价值，形成了立意高远、内涵深刻、逻辑缜密、高屋建瓴的中医诊疗思想。他关于中医药的论述，对当代中医事业的决策，具有重要的现实和战略意义。

一、中医学之“本”

陆广莘认为，中医学之“本”，决定着中医学之“道”，欲寻出路，必先求本。这段表述有双重含义：其一，对中医学实践本质的认识，决定着对中医学学科本身的认识；其二，对中医学学科本质的认识，决定着中医学未来的发展方向。

有关中医学的实践本质，陆广莘将中医学与西医学相比较，得出如下结论：中西医学由于各自不同的哲学背景、价值观，导致研究对象和目的的不同，形成了不同的“医道”和各自特色的研究领域：

西医学的选择，是病从何来，以疾病为研究对象；“识病必求于本”的“本”，是寻求疾病的本质，作为其认识和实践的目标对象，从而使西医学成为一门以研究疾病及其对病因病理病位的认识，来决定其防治行为和效果评价的医学。由此，致力于发现和确诊疾病，是西医学诊断认识的目的；努力去征服和消灭疾病，是西医学预防和治疗实践的目的。

中医学的选择，是治向何去，以健康为实践目的；“养生保健治病必求于本”的“本”，是中医学研究的对象，即人自我的“生生之气”，并不局限在疾病实体。中医学的这一研究对象与西方“疾病医学”有着本质的不同。本之不同，道亦各异。中医学之道是“养生保健治病必求于本”为主旨的生生之道，是辨证论治的发现和发展人的生生之气，是“聚毒药以供医事”转化利用为生生之具，是通变合和谋求实现天人合德生生之效的健康生态的实践智慧学。

总之，中西医学在研究对象上根本不同，中医学的研究对象是人的生生之气。陆广莘引用东西方哲学、中医学、现代医学等论述论证了这一观点。他认为，人的生生之气是人的主体性开放流通自组演化调节能力，也就是人的自我健康能力和自我痊愈能力。人的生生之气，表现在“天人之际”的相互作用中：（一）依靠“形者生之舍”的整体边界屏障功能；（二）实行“升降出入”有控制的主体性开放；（三）主体性地将“形而外”的环境非我吸收利用；（四）进入“向人生成”的流通自组演化过程；（五）实现“阴阳自和”的稳态适应性目标调节；（六）发动“亢郁旺气”的机能亢进抗病反应；（七）从而保证“形而内”自我的“生化之宇”的生存健康和发展。

从中医学的实践来看，人的生生之气是中医学“养生保健治病必求于本”的目标对象，是具体识别环境利害药毒的取舍标准以及对之转化利用为生生之具的聚合规则的主体价值标准，是中医药之所以取效的依靠力量。离开人的生生之气，就无法显示中医药的疗效和说明中医药的疗效之理。

从医学的发展来看，依靠人的生生之气，决定着中医学是一门健康生态的实践智慧学，这是中医学之所以持续存在和得以继续发展的根据所在。离开了人的生生之气，离开了“养生保健治病必求于本”的“本”，也就失去了中医学存在和发展的根据。

二、从实际出发

从实际出发，是陆广莘对“养生保健治病必求于本”的更深层次的认识。“究天人之际，通古今之变，成一家之言”，是中国固有的学术传统。中国的学术传统，是研究人与环境相互作用的天人之学，是通过对人与环境相互作用过程的观察和实践，发展对自然社会环境的认识和对自我的认识。应用于中医学，陆广莘则归结为：“究天人之际，通健病之变，成中医家言。”

中医学是从人与环境相互作用的客观实际出发的。“形者生之舍也”，“形”是人的整体边界，从这里开始区分人与环境、内与外、自我与非我；“形而内”是人的生命活动的自组织演化调节，“形而外”是环境，包括环境物质、能量、信息的利害药毒。“非出入，则无以生长壮老已，非升降，则无以生长化收藏。是以升降出入，无器不有。故器者生化之宇，器散则分之，生化息矣。故无不出入，无不升降，化有大小，期有近远，四者之有，而贵常守，反常则灾害至矣。”作为一个开放系统，生命体与环境之间客观地存在着相互作用，存在着物质能量信息不断从环境输入和向环境输出。而作为客体（医者）认识这些物质能量信息流，则都可表现为人体的出入信息。

人体的出入信息，发生在人体与环境相互作用的界面，发生在人的整体边界，包括了“人”的主体性反应的状态变量和“天”的环境变量两个方面。其中人的状态变量包括：生理性的“藏象”反应、病理性的“病形”反应、药理性的“疗效”反应，以及这三者之间的相互转化。相应的环境变量则包括：有利的养生因素、有害的致病因素、有效的治疗因素，以及它们之间的相互转化。

陆广莘引用黑格尔之论：“对生命体发生影响的东西，都是由生命体独立地决定、改变和改造着的东西”，强调生命体在与环境相互作用中的主体性。生命体通过“形”这个整体边界，实行主体性开放的流通、自组织、自演化，实现对流通、自组织、自演化的、稳态的、适应性的目标调节，以及发动原有功能亢进的“正祛邪”抗病反应，保证完整自我生命活动的生存、健康、发展。因此，在人与环境相互作用中最终展现给客体（医者）的信息，是人的生生之气的主体性反应的信息。陆广莘提出，中医学辨证论治的“证”，即是“天人之际中人的生生之气的健病之变”的出入信息，这个“证”包括生理反应“藏象”的证、病理反应“病形”

的证、药理反应“疗效”的证。它反映的是人与环境相互作用的实际，是中医学“视其外应”的诊察对象，是中医学“养生保健治病必求于本”的生生之道的认识和实践的出发点。

三、辨证与辨病

基于对中医学“证”的上述认识，陆广莘进而指出“辨证”的任务：

第一，从状态变量中识别健病之变，即识别生理反应“藏象”的证、病理反应“病形”的证、药理反应“疗效”的证，以及把握这三者之间的互相转化。

第二，“因发而知受”，从状态变量中识别健病之变，识别相应环境变量的“利害药毒”。环境变量只不过是在与人的相互作用中对生命体发生影响的东西，是由人的生生之气独立决定、改变和改造着的东西。因此，环境因素的利害性质是养生因素、治疗因素，还是致病因素，完全取决于人的生生之气对它们主体性反应的具体结果，即决定于状态变量的反应结果。因此说，没有什么绝对的毒，也没有什么绝对的药；没有什么绝对有利的养生因素，也没有什么绝对有害的致病因素。“因病始知病源之理”，“愈疾之功，非疾不能以知之”，“察阴阳之宜，辨万物之利”，所以辨证的第二个任务是通过状态变量的反应，判断环境变量是致病因素，治疗因素，还是养生因素。

第三，去粗取精地“知丑，知善”，从环境因素致病作用中去发现其可被利用的治疗作用，以备化毒为药，发展“方技者，皆生生之具”。对于环境因素，中医学认为“四时之化，万物之变，莫不为利，莫不为害”，关键是从致病作用中去发现其可被利用的治疗作用，从而有《淮南子》的“天下之物，莫凶于鸡毒，然而良医橐而藏之，有所用也”；有孙思邈的“天生万物，无一而非药石”的壮语。

第四，去伪存真地“知病，知不病”，从

“病形”反应中去发现其背后隐藏的生理功能，即病理反应的生理学基础问题。状态变量中的“病形”的“证”，是“五脏发动，因伤脉色”的“证”。因为“非其位则邪，当其位则正；邪则变甚，正则微”（《素问·六微旨大论》）。所以“善者不可得见，恶者可见”（《素问·玉机真藏论》）。生理功能在平时不易被发现，往往是在病理状态下，由于出现机能亢进（邪则变甚的非其位）时，才能发现和认识隐藏在病理现象背后的原有生理功能（当其位则正的正则微）。从病理中发现和认识生理，从机能亢进的病理去发现发掘正常生理功能，是辨证诊断认识的又一重要任务。而人们对机能亢进的“病形”反应，往往视之为消极的病理破坏，视之为治疗的对抗压制对象，不容易将它如实地看作是由“五脏发动”的机能亢进的“正祛邪”抗病反应，不容易将它视为因势利导的依靠对象。

第五，由表入里地从“视其外应，以知其内藏”，即从出入信息去发现其中介主体，以做出“神气应乎中”的理论模型建构。“视其外应，以知其内藏”，是中医学辨证求本的诊断认识要求。“外应”到“内藏”之间，有一中介主体。陆广莘认为，这一中介主体就是人的生生之气，因此辨证求本是对人的生生之气的理论模型建构。陆广莘提出，人体正气的“正”，是人的自我健康能力的理论模型；病人正气的“症”，是人的自我痊愈能力的理论模型。人体正气的“正”，是形、气、神三者的统一；病人正气的“症”，是正虚、邪实、传变三要素，是“虚实之变”。疾病是“邪之所凑，其气必虚”，是“邪气盛则实”和“精气夺则虚”的对立统一。虚实之变是关于自组织演化调节发动的正祛邪抗病反应的传变时态特征。

陆广莘指出：中医对疾病的辨证诊断要求回答虚实之变，即人体自组织演化调节发动的正祛邪抗病反应的传变时态特征，回答主体性反应是谁发动的，它要干什么，到哪里去，目前处于什么发展阶段的时态特点，依此作为因势利导的依靠对象。

由此，陆广莘指出：辨证与辨病的区别，在于两者在观察重视的对象和目标上的不同：前者在天人之际中以人为本，在医患关系中以病人为本，在正邪相争中以正气为本，在神形统一中强调“上守神”；后者重视环境致病因素、以邪为本，重视医生诊治手段、以工为本，重视微观形态结构的“上守形”。

四、生生之为道

“生生之为道”，是陆广莘对中医学的特色、医学的目的进行思考后的结论。

在20世纪，辨病求本的关于病因、病理、病位的诊断认识水平，被看成是医学发展水平的主要标志，成为医学科学化的样板。由此，用辨病求本的观点看待中医辨证论治，曾经错误地认为中医落后和不科学；后来又用辨病求本的诊疗思想，去研究和证明中医药的疗效及其原理，又收效甚微。原因在于：识病必求于本的“溯因分析性认识”，未必能够有效地说明养生治病必求于本的前瞻性的“通变合和性实践”。“以物观人”的物质科学知识，未必能够指导以“助物向人生成”的中医学生生之道。

陆广莘指出：疾病医学已展现其危害性。“当代世界性的医疗危机，根本上是由于近代医学模式只是针对疾病的技术统治医学的长期结果。”针对疾病的技术，造成了与治疗目标相反的反目的性效果：其消除病因的抗代谢性化学疗法，会很快出现耐药甚至多元抗药，这加速了病原体的变异，导致新的病原和新的疾病，也使药物加速淘汰，从而增加了新药研制的难度和费用；纠正病理的受体或通道阻滞剂的广泛应用，出现了“受体超敏”现象，导致减药停药就反跳，进而加重了内环境的动荡，加重了慢性病变和复发的可能性；消除病灶针对靶点的化学药物长驱直入，加剧了体内的化学污染，使抗原负荷过重，免疫应答错误，从而导致免疫超敏和自身免疫疾病增多。另外，外源性的直接对抗和补充导致内源性激发作用与功能抑制。还有研究发现，近几十年来人类外周白细胞数下降1/3，男性精子数量和活动度显著下降，人类的机体受到了重创，生存和繁殖能力在下降。总之，近百年来大量使用化学合成药的化学疗法，带来了与药物有关的化学污染，使人体不断受到化学物质的冲击，使人体内、外生态环境受到破坏，且对人类产生了长期的不良后果。陆广莘呼吁，应该认识到这些问题的严重性，有必要对直接对抗和补充的治疗方式进行深刻的反思，并积极去寻求新的适合人类健康生存的医学模式和诊疗方法。

“遍知万物而不知人道，不可谓智；遍爱群生而不爱人类，不可谓仁。”陆广莘指出，医学现代化的发展取向将是从化学层次寻求物质基础的医学观，前进上升到生命层次寻求自组演化目标调节的医学观；从生物医学前进上升为人类医学，从疾病医学前进上升为健康医学，从对抗医学前进上升为生态医学。

21世纪中医学将向何处去？陆广莘认为，中医学应该坚持为人的生生之气服务，以人的生生之气为依靠对象和发展对象，发展创生性实践的健康生态医学。

尊生贵命　参赞化育

古往今来，中华民族历经多种变故，但是作为民族精神内核的生命意识，永久不绝，历久弥新。中华民族之所以能生生不息，并绵绵不断地在弘扬人文中开拓自我，所依赖的就是这样一种自强不息的生命活力。“天下莫贵于生”，“天地之大德曰生”。陆广莘崇尚生命，尊重、重视每一个生命体的自我独立性，认为中医学是一门在养生、保健、治病过程中发挥发展人体自我独立性的健康生态医学，是一门“参赞天地之化育”的创生性实践智慧学。

一、辨证求本，求其属

陆广莘认为，“求其属者，求其本也”。他

推崇刘完素之论“治病不求其本，无以去深藏之大患；故掉眩收引，闷郁肿胀，诸痛痒疮，皆根于内”。他认为，风、寒、热、湿、燥、火、痰、水、郁、瘀等临床表现，是机体输出端的机体反应，不是输入端的病因刺激。他遵照“诸风掉眩，皆属于肝；诸寒收引，皆属于肾；诸气膹郁，皆属于肺；诸湿肿满，皆属于脾；诸热瞀瘛，皆属于心（原为火）”，进行“求属”诊断。

陆广莘在临证中关注气、血、津液的变化，结合中西医学理论判断气、血、津液的生成和分布情况。他认为，气、血、津液是人体内物质能量信息流的主要体现者和携带者，是人体内自稳调节的对象。生命体对内的自组织和对外的自适应是通过对气、血、津液的重新分布来实现的。五脏阴阳通过对气、血、津液的生成流通和分布的调节，以实现体内的自我更新和自组织、自调节和自适应的有序稳态。他认为，中医学中的“邪气盛则实”的风、寒、热、燥、湿、痰、郁、瘀、水、火等，是气、血、津液郁滞的结果。与气有关的是郁、寒、热、火等，与血有关的是风、瘀等，与津液有关的是燥、湿、痰、水等。“精气夺则虚”的五脏阴阳之虚，是气、血、津液不足（生成或输布不足）的结果。

有关陆广莘临证诊断思维及相关理论，无论他本人抑或门人均总结较少，都有待深入研究。在此，以陆广莘本人对癫痫的认识为例，窥其一斑。

癫痫之强直抽搐称之为“风引肌体”，失神昏迷称之为“痰蒙清神”，与“风”相伴的有郁和火，与“痰”相连的有湿和食滞。风、郁、火是“气”所化生，痰、湿、食滞是“津液”所化生。风痰相搏还影响到血瘀，由血瘀又导致血虚。故癫痫中的风、瘀、痰是气、血、津液所派生的原有功能亢进的“旺气”，是积极的

“正祛邪”的抗病反应。其所以有机能亢进的发动，是基于其抗病反应还没有成功，于是有体内放大系统的正反馈的发动。这个发动的背景是五脏阴阳的网络稳态调节，具体到癫痫，其风、火、郁则来自于“气”的发动；痰、湿、食滞则来自于“津液”运化能力的不足。前者来源于“肝”，后者来源于“脾”；血瘀来自肝，血虚来自脾。在五脏阴阳网络调节方面，又连接肾而表现为肝肾阴虚→阴虚阳亢→气郁风火，及脾肾阳虚→津液化迟→痰湿食滞，这两方面又互相推动。

由于癫痫发作短时大多能缓解，故关键在于防止发作或减少其频度、减轻其程度，重在改善五脏阴阳网络调节和脑神经功能。中医学认为，“邪为标，正为本”，邪气实是正气虚的外部表现，正气虚是邪气实的内部基础。防治原则是“急则治其标，缓则治其本”。急则治标的息风化痰定痫对药有全蝎和蜈蚣，僵蚕和蝉蜕，蜂房和地龙，天麻和钩藤，白矾和郁金等，亦可分别选用。属肝郁化火生风者，可选用龙胆泻肝丸、丹栀逍遥散、紫金锭，以解郁清肝息风。属血瘀阻络生风者，可选用血府逐瘀汤、云南白药等，以通络活血息风。属脾虚运迟生痰者，可选用半夏白术天麻汤、补中益气丸、人参健脾丸等，以健脾益气化痰。属肝肾阴虚生风者，可以六味地黄丸为基础，如七味都气丸、杞菊地黄丸；属脾肾阳虚生痰者，可选用河车大造丸、龟龄集等，以温肾补脾化痰。

二、扶“正祛邪”，疏通气血津液

陆广莘认为，辨证论治即是扶“正祛邪”，而非扶正和祛邪。陆广莘强调，“正祛邪”是机体的一种自我能力，中医学辨证论治的本质是帮助、扶持病人提高这种能力，所以称为扶“正祛邪”。扶“正祛邪”是中医学辨证论治取得疗效的根本原因，区别在于医者是否自知自觉地运用。

一个男青年，高烧数日不退，用了多种抗生素、退烧药均罔效，用激素地塞米松以后，体温短时间下降，之后又反跳升高。陆广莘被请去会诊时，病人体温达 40℃，血中白细胞升高，咽部还可见脓点。陆广莘查看病人症状、舌脉后认为，病人白细胞升高、体温上升、咽部有脓点是机体对抗疾病的反应，这说明机体的正气在奋力抗敌。古人云：用药如用兵，用兵需分清敌我。一味地降体温、降白细胞，把抗病反应当作敌人来打，这是不对的，应该给正气助一把力，给邪气一个出路，帮助机体赶走外侵之敌。于是，陆广莘开了一剂柴葛解肌汤（柴胡、甘葛、甘草、黄芩、羌活、白芷、芍药、桔梗）合升降散（僵蚕、蝉蜕、姜黄、川大黄）去大黄，病人服药后体温很快恢复正常。

有一位 99 岁的癌症病人，放疗后患肺炎，多种抗生素轮流使用均无效。之后很快发生了多脏器衰竭，还继发瘫痪性肠梗阻，反复呕吐，生命危在旦夕。当时中西名医遍至，亦未效。陆广莘诊后认为，属于命门火衰，开了温经导滞药灌肠：吴茱萸 3g，川花椒 3g，附子 3g，大黄 6g，四味药共计 15g，急煎出 120ml 药液后，给病人灌肠。每 10 分钟灌 30ml 药液。半小时后病人出现肠鸣音，之后的几天不断排出一些大便，但通而不畅，然而病情却比较平稳。这位老人的生命后来维持了 10 个月，最终因心力衰竭室颤频发而去世。陆广莘认为，用温经导滞药灌肠可温补肝肾，益气运血，以救老年的命门火衰，使大肠蠕动功能有所恢复，这为延长生命提供了可能，使高龄病人得以延长十个月的生命。陆广莘在谈到这个病案时常说，这个个案虽然很难重复，但诊疗的思维方式有一定意义。此病例也可以体现陆广莘对命门学说的认识：高龄久病，必是命门火衰，用苦寒之品只能雪上加霜，须助其阳，扶持正气，方能建功。

再以肾病综合征为例来看他的学术思想和经验。肾病综合征是肾小球疾病中表现的一组症候群。西医治疗主要用糖皮质激素、免疫抑制剂，疗效不理想，且副作用大。陆广莘认为，该病“其本在肾，其末在肺”。水液代谢失常，故患者头面部、四肢水肿明显，并伴有肾阳虚衰之畏寒怕冷、四肢不温等症。患者全身气化功能障碍，脏腑机能低下，故应采取多种手段综合调治，以扶助患者的正气，增强其“正祛邪”的能力，使患者的内环境达到新的较低水平的平衡，使气化功能慢慢恢复正常。辨证治疗时，他常用瓜石汤、玉屏风散、四逆散、排脓散、过敏煎、甘麦大枣汤、四妙散等。药物常用生北黄芪、苍术、防风、山楂、柴胡、淫羊藿、桂枝、枳壳、赤芍、瓜蒌皮、石斛、牛膝、车前子、生地黄、薏苡仁、路路通、乌梅、五味子、浮小麦、大枣、炙甘草等。他认为，对此病要少用大攻大补的药物，以免加重内环境的紊乱，不利于患者阴阳平衡的恢复。经过一段时间治疗，病人病情较平稳后，可视具体情况服用乌鸡白凤丸、六味地黄丸、防风通圣散等，并嘱患者注意气候变化，防感冒，适当多饮水。

陆广莘认为，人体的气血津液是抗病反应的基础，因而有“血气不和，百病乃变化而生”之论，中医学治疗原则也就规定为“疏其血气，令其调达，而致和平”。治疗手段之所以能获效，就在于能使气血津液流通分布的“反常”向“常守”实现转化。明代李中梓指出：“疏其血气，非专以攻伐为事，或补之而血气方行，或温之而血气方和，或清之而血气方治，或通之而血气方调，必须随机应变。此治虚实之大法，一部《黄帝内经》之关要也。”（《内经知要》）对于邪实，汗、吐、下、消法着眼于“通”，使通之而血气方调；温法和清法，旨在全面改善血气供求关系：温之而血气方和，清之而血气方治。对于正虚，或补之而血气方行，或调其失衡，或补其不足；涩法旨在减少气血津液过度地耗散。由此，药治八法都着眼于气血津液，特别是它们的流通。因为只有流通，才能完成输布物质、能量信息的功能。

三、莫不为利，莫不为害

陆广莘推崇《吕氏春秋》中“天下万物，莫不为利，莫不为害”论，认为人的生存、繁衍、进化有极大的自主能动性。一切客观的事物，对人体而言，莫不为利，莫不为害。通过人体自身的反应，才能确定这一因素有利或不利。即使是治病的因素，如果被过分地强调，而忽视机体本身的因素，都可能转化为致病的因素。他说：“抗生素作为‘攻邪’的手段，犹如‘农药’；皮质激素作为‘扶正’的东西，犹如‘化肥’。当他们被过分地强调，无视有机体自身的能力，实行包办代替性的替代疗法时，它们的利由此转化为害，造成药源性疾病，正是医生过于相信手中的武器。‘唯药物论’导致了药物病。”

早在1973年，陆广莘就曾讨论药害问题。他引用莎士比亚的一句话“良药屡试验，永志不敢忘；新剂未谙性，慎惕毋轻尝”，对正确使用药物进行了理性客观的分析，发出清醒而独到的警示——“药之害在人不在药”。这句话在滥用药物、过分依赖药物等不断发生药害事件的21世纪，不能不令人赞佩！其先见之明不能不令人刮目！

由于治病的目的在于帮助机体自稳调节的正常化，而非替代机体的功能。因此，陆广莘在临床审察病机的基础上，力求少用药，达到“四两拨千斤”之效。

善用中成药，是他临床用药的一大特点。陆广莘认为，对于一些慢性病患者，一种是病情不稳而易变者，以汤剂为宜，可以随机应变，因变定方，辨证施治；另一种是病情比较稳定，或病势轻微，应守方较长时间者，以丸剂为宜。且丸剂有利于患者长期坚持服用，持之以恒，可达目的。他在临床中辨证使用中成药，尤其善用加味逍遥丸、补中益气丸、防风通圣丸和六味地黄丸，或单用，或联合使用，取得了良好效果。

效必更方，也是他临床用药的一大特点。“凡事当留余地，得意不宜再往。”故临证效必更方，唯变所适。

陆广莘认为，中医学是从调节的层面上来理解和处理生命、疾病、健康等问题的，这一点不同于西医学的直接对抗。中医用药之目的，不是直接消灭疾病，而是帮助机体战胜疾病。所以要“循生生之道，助生生之气，用生生之具，谋生生之效”。这种看待疾病和药物的思想体现了他的学术造诣，以及他对事物超乎常人的深邃领悟和体验，也是他临床治疗疾病取得疗效的法宝。

陆广莘的徒弟跟他门诊时，曾见到他治疗过一位60多岁的患者。该患者因肠系膜上动脉夹层动脉瘤不愿手术而求助于陆广莘。陆广莘从肝论治，采取疏肝养阴、调节情志、减轻胃肠负担以减少肠系膜上动脉的血流量等综合方法。三个多月后，患者的夹层动脉瘤竟奇迹般地闭阖，达到了临床治愈的效果。对于这些既往没有治疗过的疾病，陆广莘能圆机活法，充分体现其大师的造诣。

他进而指出，人的生存、繁衍、进化有极大的自主能动性，一切客观的事物，对人体而言，莫不为利，莫不为害，用得好就是利，用得不利就成害。人体遇到某种因素的刺激，得了疾病，表现出症状体征不是坏事，是指引人们自救的信号和根据。对于这些信号和根据，不能一味地去遏制它，消灭它，而应助其自行康复。

四、以病者之身为宗师

陆广莘说："中医学之道，道不远人，以病者之身为宗师。治病有效，最大的功劳在病者自身的生生之气。医学只能认识它，依靠它，帮助它，发展它，却不能包办代替生命的自组演化调节的生生之气。一旦病者自身丧失生生之气，那就是泡在药汤里也无济于事。中医药的疗效只是生其自生、助其自组、助其自制、扶其'正祛邪'之势，因势利导而已。"

2003年传染性非典型肺炎（"非典"）肆虐，陆广莘以其始终强调的人的"生生之气"来认识这个前所未有的病毒性疾病，用提高上呼吸道黏膜屏障功能的方法抗邪于外。当时有记者求他开个预防"非典"的药方。陆广莘建议用1把芫荽，2个白萝卜，3只陈皮，4片生姜，5根生葱，熬水一家人喝，每周二三次。结果内蒙古一带的老百姓人人服用，白萝卜售价一路高涨。

“疾病和症状，是矛盾激化斗争激烈的表现。只看到疾病和症状的坏处，不看到与疾病斗争后的好处，不看到在疾病症状中包含的机体抵抗，一味压制，片面地宣传疾病的毁灭性和症状的破坏性，不发动体内的调节能力和抵抗能力，反而削弱人体抵抗力而损坏健康。只强调药物的直接对抗补充的作用，不是去因势利导，不去帮助机体的防御机制，不去提高机体的调节能力，只靠药物单干，怎么能行?”

“努力发掘，加以提高”，是陆广莘对扶“正祛邪”的另一种说法，更多体现在对患者的精神、心理疏导方面。其具体应用非常灵活，宗旨是让患者认识到自身存在的抗病愈病能力，提高患者的养生保健意识。陆广莘认为，就医者而言，敏锐地审察到患者机体的稳态调节抗病愈病的能力后，以各种手段和方法，帮助这种能力得以恢复，是医者的责任和义务。

陆广莘常说，“气可鼓不可泄”。他认真仔

细地帮助患者分析病情，并给予积极鼓励。在与病人的接触中，陆广莘经常夸奖病人，尤其对癌症等危重病人顽强的生命力发出赞叹，鼓励病人与病魔抗争。“你的病有好转，不是我的功劳，是你自己有旺盛的生命力，要坚持！我的药只是帮助你调整一下。”陆广莘始终非常重视患者的心理状态，善于用语言鼓励和开导病人。正如其徒弟所言：“陆师临证曲察病情，不失人情，或娓娓然或滔滔然，取喻设譬，动中肯綮，诚如俞东扶所言，‘议病如武侯将兵，纶巾羽扇；论理如生公说法，顽石点头。’”

“以病者之身为宗师”，以患者为“本”，是陆广莘临床诊疗的写照。余云岫曾贬中医疗效只是“精神慰藉和贪天之功”。对此，他认为，余云岫只知西医学发现的是医药对抗的对象，不知道中医学实践论发现的是医学的依靠对象。粗守形而上守神，“一切邪犯者，皆是神失守位故也”，而“精神内守，病安从来”。贪天之功根本上是贪人之功，学习和依靠人的“生机—神机—气机—病机”和屏障功能的稳态调节抗病愈病机制，以此来选择环境、利害、药毒，并通过组合效应和因势利导，实现化害为利，化毒为药，化阻力为助力，化腐朽为神奇的“贪天之功”。治好病是病人自愈机制的功，医生只是没有犯错误而已，医学的错误却在于“目无全人”和“目中无人”。

抑或是60余年行医生涯中看过的病例数不胜数，抑或是一病一方不足以反映他的整体诊疗思想，抑或是他默然牵系于心以论证自己的观点，许多采访过陆广莘的记者，许多跟随他学习的学生，都有一个感受，就是陆广莘不爱细谈他治愈过的一个个病例，不爱细谈某个病人的治疗方案。

其实仔细分析，陆广莘总是从战略高度对疾病的中西医诊疗进行深刻讨论，将中西医的医学模式、诊疗思想进行思考比较，突破了仅仅着眼于一病一方研究的套路。陆广莘说，每个病人都不同，有些个案很难重复，关键是诊疗的思维方式。

肩负使命　建言献策

陆广莘说："我最初选择了中医，这辈子就献给了中医。"对中医药事业的孜孜以求，对中医药事业强烈的使命感，使陆广莘自觉地承担起发扬光大中医的任务。他在各种场合宣讲中医，大声疾呼弘扬中医学术。他主持和参与过的论坛难以计数。凡能代表中医界对外呼声的场合，一般都能见到陆广莘的身影。他坚持己见，执著地娓娓讲述他的观点，也常常能一语中的，抓住要害。他虽年过八旬，体内仍奔涌着一腔报国热血，跃动着一颗献身中医的赤诚之心，默默地散发着光和热。

一、呼吁从疾病医学教条中解放出来

20 世纪 70 年代后期，陆广莘倡导中医的健康医学思想，大胆提出："中医学的发展，要从疾病医学教条统治中解放出来。"当时许多人不理解，称他为"少数派"。到了 20 世纪 80 年代，陆广莘洞悉西方医学界对医学模式的反思，敏锐地意识到现代医学的模式正从内部产生变革。他对中医人迷失方向，仍然盲目追随西方医学模式的现状，大声疾呼，大胆质问。

他尖锐地指出，百年中医困惑在于"废医存药"地扭曲中医诊疗思想，用疾病医学的观念和方法研究中医、改造中医，没有真正理解和阐发中医学的"道"。他敢于直面中医界存在的问题，对中医学术研究方向、中医界的一些弊病敢于大胆批评。在"2005 亚太传统医药论坛暨《亚太传统医药》第一届第一次编委会会议"上，他说："现在医学模式实际上还是回答疾病从哪里来的医学模式，生物因素之外加上心理的、社会的这种‘病从何来’的模式。可是世界卫生组织（WHO）指出，21世纪医学不应该再继续以疾病为主要研究对象，而是应当以人类的健康为主要研究方向……中医学所谓‘上工治未病’，上工医未病之病，下工医已病之病，而我们近代却做成下工和粗工了。百年的教训就是中医自我贬低成为下工和粗工。”疾病医学解释模型，是西方工业文明时代的产物，发展至今已从多方面展现出其弊端，西医内部也正在寻求变革和出路。中医学没有意识到自身作为健康医学的价值，盲从于疾病医学，甚至以此为标准，自我判断和改造，无异于拿着金饭碗乞讨。

对此，陆广莘立场坚定，言辞犀利。在给科技部当时一位副部长的信中，他明确提到："现代关于中医的科学研究，脱离不开为了证明和说明中医的科学性问疑，对中医的理论和诊疗法则进行现代生物学的实证；现代中医基础研究，基本上是运用‘现代科学方法’的‘研究中医’，而非中医自主传承与创新发展的‘中医研究’。”

2008年卫生部正式提出实施“健康中国2020”战略，以提高人民群众健康为目标，以解决危害城乡居民健康的主要问题为重点，切实加强对影响国民健康的重大和长远卫生问题的有效干预。这一国家卫生战略，着眼于健康，坚持预防为主、中西医并重、防治结合的原则，似给了他些许安慰。

二、提倡加强中医主体性发展

陆广莘认为，近代史上，中医在努力向疾病医学学习过程中，过于忘我，导致中医学主体价值体系的离散，是为“邯郸学步，反失其故”。他提出中医出路的十六字箴言：厚德载物，和而不同，自强不息，超越包容。即以博大的胸怀和雄心，以超越的胆量和自信，做到文化自觉，主体发展，兼收并蓄，永不松懈，引领中国医学走向世界。从中可以看出他对中医学的坚定信念、宏伟壮志、殷切期望。他以信徒般的执著，通过各种方式，坚定不移地推动实现这一“梦想”。

1986年，陆广莘在《中医报》发表文章《振兴中医之道，贵在自知之明》。1987年，他在全国中医学术发展战略会议上发表了《对中医学术及其发展战略的系统思考》，明确提出中医学应确立主体发展目标，恢复主体良性循环。1993年，他在《健康报》发表了《提高主体选择吸收利用能力》。1997年，他为《中医存亡论》作序，名为《根本在于自立自强自主创新》。1998年，他发表文章《重建中医主体价值体系》。1999年，在北京中医药大学学术节开幕式上，他做了《攀登中医学术思想高峰》的演讲，大力宣扬“振兴中医药，就要攀登中医学术思想高峰，重建中医主体价值体系”。2003年，他在《中国中医药报》发表了《坚定中医学的自我学科主体意识》。2005年他参加科技部论证“九七三”项目，强烈主张“中医理论基础研究”，阐发自主性的中医理论研究的重要性。2006年，他在凤凰卫视《世纪大讲堂》所做的《中医的传统与出路》的演讲产生了很大影响。2009年，他在首届医学发展高峰论坛上，做了题为《医学整合的境界、胸怀和志气》的发言。

陆广莘认为，中医学应在自知之明的基础上加强主体性的发展。他指出：“20世纪经历了形形色色西方思想潮涨潮落的支配后，21世纪中国的新医学流派，能否在中医学独立思想诞生的阵痛中啼出第一声来，根本在于中医学界能否恢复中医学的学科自信。”

陆广莘对各个时期的中医药政策十分熟悉，经常引用有关政策，鼓励人们自强自立，增强发扬光大中医的信心。他更是站在人类医学发展的高度，明确中医学之本，有理有据地论证中医学的先进性，给人以自信。

陆广莘以他的渊博知识比较中西医的特点，以他高瞻远瞩的眼光呼唤中医的复兴，以他充满激情、勇往直前的话语憧憬中医辉煌的未来。人们在他为中医药痛惜、呐喊、加油的同时，也深深为我们当代这位纵观古今、中西合璧、卓尔不群的国医大师的理想和气度而感动。中医学在发扬其学术优势基础上，一定能开辟科技创新的未来！“万山不许一溪奔，拦得溪声日夜喧。到得前头山脚尽，堂堂溪水出前村！”

三、医学不能拜倒在科学的脚下

中医学和中国文化一样，从开始被研究的第一天起，就承载着以另一种文明尺度为标准强行“校正”的磨难。如何看待中医学与科学的关系，是中医学术界的一个命题。

陆广莘在论文和会议、讲座中经常探讨这一命题，强调“医学不能拜倒在科学的脚下”。1973 年，陆广莘就提出“医学是以人类为中心的”；1999 年在北京中医药大学学术节的演讲中，他明确提出“生理学要从物理和化学的兼并中解放出来”；2006 年，针对“中医是否科学”的争议，他大胆质疑“医学为何？中医何为?”，提出要反思医学的目的，发展健康的医学。“努力找病，除恶务尽”模式，不是一种积极的医学模式。他提出，中医善于通过各种手段发掘、调动人体自身的积极因素，提高机体的抗病、祛病能力。中医的健康医学思想、提高自身抗病能力的思维方法，应该大力宣扬和推广应用。

陆广莘经常引用三个人的话，展开这一命题的讨论：20 世纪初期，梁启超曾说：“中医诚能愈病，总无人能以其愈病之理由喻人。”陈独秀认为，这是由于中国的“医学不知科学，既不解人体之构造，复不事药性的分析，菌毒传染更无闻焉”。胡适曾断言：“西医能说清楚他得的什么病，虽然治不好，但是西医是科学的。中医能治好他的病，就是（因为）说不清楚得的什么病，所以中医不科学。”陆广莘认为，医学不是人们以外的物质世界认识论的科学，它是从人出发的对于人的健康的创造性实践。现代科学基本上是物质科学，对生命体的研究和认识十分有限。医学不能拜倒在科学脚下，科学也不应成为霸权，医学可以利用科学。医学的发展是多元化的发展，不强调所谓科学的一元论、独尊性。而这必须要有非科学的力量，冲破科学的阻力才能够成功。

近百年来，对于中医这门学科的怀疑、无端指责、迷惘从未停止过。陆广莘本着中医当卓然自立的民族精神及发展中医的强烈责任感和使命感，于高一层次上对中医学的俯瞰性明视，使后学者顿生自信，也使中医人在茫然无助中寻找到了精神依靠。

谦谦君子　温润如玉

陆广莘 70 大寿时，他的弟子这样描述他："陆师望七之年，发黑而眉寿，仰之蔼蔼然谆谆然，古有道君子也。行健如少壮，安步以当车，一如履践工夫；饮啖多咀嚼，饭蔬食饮水，亦如含英咀华。"其实，这不仅是 70 岁时陆广莘的神情神韵和日常习惯，耄耋之年的陆广莘仍然一头浓黑的头发，皮肤润泽，思维敏捷，话语铿锵。他一直保持着略瘦的体型，身板硬朗，举手投足间仍可见年轻时的英俊潇洒。

自古江南多才俊，陆广莘的才气在中医界鼎鼎有名。陆广莘学贯古今，徜徉中外，才思敏捷，人谓之"明"；他兼收并蓄，思辨功深，学验俱丰，人言其“达”；他声名远扬，勤勉和蔼，言传身教，人敬之“尊”；他高屋建瓴，见解独到，卓然自立，人赞之“才”。明、达、尊、才之品格，令人高山景行，仰慕赞叹。

陆广莘的近百篇论文和演讲文章，观点精辟，有理有据，论辩性强。中国民族医药学会会长诸国本曾经总结过陆广莘的中医诊疗思想。他这样评价：“他的思辨能力独上高楼，行文表述别具风格。”陆广莘的文章运用经史子集和中医古籍得心应手，妙语连珠，而于西方哲理又随手拈来，恰到好处。诸国本说他“博学通儒，务实而富有才气；思辨敏捷，善言而独具文采”。“他的泛学术和多功能的用词遣句，使他的观念表述得十分清晰而富有哲理。陆广莘不愧是中医学的大家，他从根本上说明了中西医学的区别，并用自己的临证实践证明了中西医学各自的长处，更证明了中医临床的卓越疗效和无限生命力。只有他敢于提出和善于表述

‘医学不能拜倒在科学的脚下’，以充足的理由说明物质科学与生命科学的显然不同，并且进一步指出科学不能代替医学，但医学可以利用科学。这石破天惊的话语，震惊科技界，提醒医学界，也解救中医界。这是逆中国文化日益西化的世俗潮流，站在学术前沿发出的一声长啸，所以我用郑板桥的一句题竹诗作为文题：‘一枝高竹独当风’，因为它还将经受时代的考验”。

听过他讲课的人，不但被他犀利的言辞、激昂的语调、深邃的思辨打动，感受到他对中医始终不变的热诚，对学术的不懈追求，还常常能记住他“循生生之道，助生生之气，用生生之具，谋生生之效”的精辟论述。这是他对中医学术思想的高度概括，是他从医60多年寻求中医学之道的收获，也是他对中医发展的期望。

在邻居眼中他是一位慈祥的长者，在学生

面前他是一位和蔼的老师，但在学术上陆广莘却是严谨执著、锋芒显露的学者。他的医学思想独到而高深，不易被人完全接受。他常用愤激的、哲理性强的反问句式表述观点。他对20世纪中医学术研究自我从属于疾病医学体系的现状有自己的看法。他还对中医学术发展迷失自我而焦虑和痛惜。他的有些观点似乎不合时宜。曾有人对他说："你是少数派！"但有学者注意到，2009年7月在北京大学举办的"信仰、哲学与科学"国际会议上，1997年诺贝尔物理学奖得主威廉·菲利普斯"科学不是观察世界的唯一一扇窗"的观点，似与陆广莘异曲同工。这正是威廉·菲利普斯、陆广莘等大师洞悉世界的先见，是他们慧眼观察世界的呼声。

如今，中国中医科学院有一支他带出来的中医基础理论研究队伍。他担任中国中医科学院老中医药专家学术经验传承博士后合作导师，培养能够真正传承中医药精髓的中医药高级人才。在相隔千里的广东等地也有他培养的高徒。他还担任广东省中医院老中医药专家学术经验继承工作指导老师。他循循善诱，谆谆教诲，垂范后学，其医学思想正在被认识、研究和光大。

陆广莘面相年轻，说起话来表情丰富，语调激昂，有人以为他 50 岁出头，顶多 60 岁。其实，他不但相貌年轻，心态和思维也充满活力。他提倡生活中要“干、暖、慢、欢”。“干”就是吃干饭，要细嚼慢咽，利于食物的充分吸收，减轻胃肠负担；“暖”就是注意保暖，避免感受外邪，以免诱发宿疾；“慢”就是要求做事不急躁，保持平和心态；“欢”就是要心情舒畅，乐观面对疾病。

他认为，一个人的健康状态除与遗传因素有关外，处事之道和心态也很重要。他常说自己“没心没肺，能吃能睡”。人老了，都会有病，有病也不要着急，完全可以带病延年。胸怀要宽广，心态要健康，对事不要太计较。他提倡多用脑、多劳动，常用脑的人长寿，爱劳动者也长寿。他走路很快，不像 80 多岁老人的步态。陆广莘认为，“脑为元神之府”，健步行走可以把下肢的血液泵到大脑，使大脑得到充足的血液和氧气。

陆广莘吃饭慢，饭量很小，饮食也不讲究。晚上基本就是一杯啤酒，一块鱼，或花生米、西红柿、黄瓜，有时只吃水果。他吃橘子时连橘络一起吃，说橘络是粗纤维，还可疏肝理气。陆广莘做过试验，咀嚼可以降血脂，降血糖，防止糖尿病。他说，吃饭慢慢吃，饭后再活动活动，就不容易造成脂肪积存，大脑也不易退化。所以，陆广莘年逾 80 仍然思维敏捷，谈吐激昂，他的体重也长期保持在 55kg 左右。

陆广莘建议可常用热水或花椒水泡脚，不但可促进血液循环，促进皮肤排泄，还可加速邪毒的清除。他常嘱咐一些患者，每次洗澡时用热毛巾搓胸背部（任脉、督脉之处），以汗出、局部和全身发热为度，以调节人体免疫力。

“生活中别搞那么多清规戒律，潇洒一点，洒脱一点。”当别人向他讨教养生之道时，他总是这么回答。其实他的所谓养生之道正如他家客厅中悬挂的一幅条幅所说：“不养生而寿，处尘世亦仙”。

（撰稿人　李海玉　海　霞）

#《中华中医昆仑》丛书 150 位医家名录

（按生年排序）

张锡纯	丁甘仁	萧龙友	王朴诚	恽铁樵
曹炳章	冉雪峰	谢　观	施今墨	汪逢春
孔伯华	黄竹斋	吴佩衡	蒲辅周	陈邦贤
李翰卿	李斯炽	姚国美	陆渊雷	张泽生
时逸人	张梦侬	叶橘泉	王聘贤	陈慎吾
邹云翔	赵炳南	承淡安	余无言	刘惠民
岳美中	沈仲圭	秦伯未	赵锡武	韦文贵
程门雪	黄文东	赵心波	董廷瑶	吴考槃
章次公	石筱山	陆南山	张赞臣	李聪甫
刘绍武	陈存仁	朱仁康	陆瘦燕	姜春华
韩百灵	高仲山	李克绍	王鹏飞	刘春圃
金寿山	哈荔田	何世英	周凤梧	干祖望
关幼波	王为兰	任应秋	罗元恺	祝谌予
杨医亚	郭士魁	何时希	耿鉴庭	俞慎初

裘沛然	顾伯华	江育仁	邓铁涛	门纯德
刘渡舟	尚天裕	朱良春	李玉奇	程士德
尚志钧	赵绍琴	董建华	米伯让	李辅仁
张珍玉	班秀文	颜正华	于己百	颜德馨
路志正	方药中	王乐匋	黄星垣	谢海洲
余桂清	何　任	王子瑜	程莘农	陈彤云
焦树德	张作舟	张　琪	李寿山	张镜人
王绵之	方和谦	印会河	王玉川	蔡小荪
李振华	马继兴	王嘉麟	宋祚民	刘弼臣
王雪苔	刘志明	吴咸中	李今庸	任继学
裴学义	王宝恩	周霭祥	贺普仁	唐由之
赵冠英	许润三	金世元	陆广莘	刘柏龄
徐景藩	吉良晨	吴定寰	沈自尹	王孝涛
张灿玾	周仲瑛	强巴赤列	张代钊	李经纬
郭维淮	柴松岩	苏荣扎布	陈可冀	李济仁
夏桂成	郭子光	巴黑·玉素甫	张学文	陈介甫